Copyright© 2025 by Editora Leader
Todos os direitos da primeira edição são reservados à Editora Leader.

Diretora de projetos e chefe editorial:	Andréia Roma
Revisão:	Editora Leader
Capa:	Editora Leader
Projeto gráfico e editoração:	Editora Leader
Suporte editorial:	Lais Assis
Livrarias e distribuidores	Liliana Araújo
Artes e mídias:	Equipe Leader
Diretor financeiro:	Alessandro Roma

Dados Internacionais de Catalogação na Publicação (CIP)
(BENITEZ Catalogação Ass. Editorial, MS, Brasil)

F933m
1.ed.   Freire, Kel
        Manual do poder, agenda planner : 365 dias para
        você se inspirar / Kel Freire ; coordenação Andréia
        Roma. - 1.ed. - São Paulo : Leader, 2025.
        368 p.; 13,6 x 20 cm.

        ISBN 978-85-5474-254-6

        1. Agenda. 2. Autoconhecimento social. 3. Organização e controle.
        I. Roma, Andréia. II. Título.

01-2025/26   CDD 658.1

Índice para catálogo sistemático:
1. Planner : Organização e controle : Administração   658.1
Aline Graziele Benitez - Bibliotecária - CRB-1/3129

Bem-vindo(a) ao "Planner Manual do Poder"!

Aqui, cada página foi pensada para ser um ponto de partida na sua jornada de autodescoberta e realização. Este não é apenas um planner; é um guia que combina sabedoria prática com inspiração diária para ajudá-lo(a) a alinhar seus pensamentos, ações e emoções aos seus maiores objetivos.

Ao longo deste material, você encontrará frases motivadoras e exercícios simples, mas profundamente transformadores. Eles foram projetados para estimular sua reflexão, despertar seu poder interior e construir hábitos que te aproximem do que mais deseja.

Este é o espaço onde seus sonhos ganham forma, suas ideias se transformam em ações, e seu potencial é explorado ao máximo. Pegue sua caneta, mergulhe nas páginas e permita-se viver a mudança que tanto busca.

O poder está em suas mãos – aproveite-o!

Guia de Leitura do "Planner Manual do Poder"

1. Preparação para Usar o Planner
Antes de começar, encontre um ambiente tranquilo e confortável. Tenha em mãos uma caneta ou lápis para preencher as páginas. Este planner é um espaço para reflexões e ações, então esteja pronto(a) para interagir com ele de forma prática e intencional.

2. Como Usar Este Planner
Preencha com Intenção: Cada página contém uma frase inspiradora e um exercício prático. Leia a frase, reflita sobre seu significado e anote como ela se aplica à sua vida.

Siga os Exercícios: Os exercícios foram projetados para ajudá-lo(a) a explorar seu potencial e transformar reflexões em ações. Reserve um tempo diário para se dedicar a eles.

3. Integre à Sua Rotina
Use o planner diariamente como uma ferramenta para organização pessoal e autodesenvolvimento.

Dedique alguns minutos do seu dia para preencher as páginas, criando um momento de conexão consigo mesmo(a).

4. Reflexão e Revisão
No final de cada semana ou mês, reveja as páginas preenchidas para identificar padrões, aprendizados e conquistas.

Utilize essas reflexões para ajustar seus objetivos e alinhar suas ações às suas metas.

5. Personalize Sua Jornada
Este planner é um espaço pessoal. Sinta-se à vontade para adaptá-lo às suas necessidades, seja adicionando notas extras, rabiscos ou destacando as páginas que mais te inspiraram.

Lembre-se: O poder de transformação está nas pequenas ações diárias. Aproveite cada página deste planner como uma oportunidade de crescimento e realização.

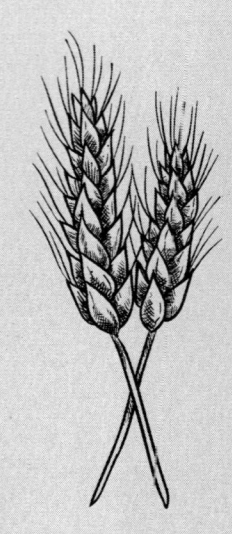

EXERCÍCIO:

Liste uma situação que você não controla e descreva uma atitude que pode tomar para se adaptar a ela.

DATA:

"Você não pode controlar o vento, mas pode ajustar as velas."

EXERCÍCIO:

Escreva um hábito pequeno que pode começar hoje para alcançar um grande objetivo no futuro.

DATA:

"O sábio prefere construir seu próprio reinado, ao invés de observar o circo dos tolos."

EXERCÍCIO:

Liste três coisas pelas quais você é grato neste momento.

DATA:

"A gratidão transforma o que temos em suficiente."

✏️ EXERCÍCIO:

Identifique um pensamento positivo para cultivar hoje e escreva como pode nutri-lo.

DATA:

"Sua mente é o jardim, suas ideias são as sementes."

EXERCÍCIO:

Escreva um aprendizado que teve a partir de um erro recente.

DATA:

"O fracasso é apenas um degrau para o sucesso."

EXERCÍCIO:

Descreva como pode viver mais intensamente o momento presente hoje.

DATA:

"O presente é o único momento que você realmente tem."

EXERCÍCIO:

Escolha um valor que gostaria de ver mais nas pessoas e descreva como pode vivê-lo hoje.

DATA:

"Seja a mudança que você quer ver no mundo."

EXERCÍCIO:

Reflita sobre uma situação em que precisa ser mais paciente. O que pode fazer para fortalecer sua paciência?

DATA:

"Tome um gole daquilo que você deseja todos os dias, até que se sinta saciado."

EXERCÍCIO:

Escreva uma escolha que pode fazer hoje para se tornar uma versão melhor de si mesmo.

DATA:

> *Faça a criança que você foi orgulhar-se do adulto que você está se tornando.*

EXERCÍCIO:

Liste três coisas que pode começar de novo hoje.

DATA:

"Cada dia é uma nova oportunidade de recomeçar."

EXERCÍCIO:

Escreva sobre algo que teme e como pode enfrentá-lo com coragem.

DATA:

"O medo é um conselheiro, não um inimigo."

EXERCÍCIO:

Identifique um pequeno passo que pode dar hoje em direção ao seu maior sonho.

DATA:

> *Lembre-se disto: quanto mais agir pelas suas emoções, menos inteligentes serão suas ações, seja racional. olha a sabedoria, não a tolice!*

EXERCÍCIO:

Liste três escolhas que pode fazer hoje para melhorar sua vida.

DATA:

"Seu maior poder está em suas escolhas diárias."

EXERCÍCIO:

Reserve cinco minutos para o silêncio hoje e registre os pensamentos que surgirem.

DATA:

"O silêncio é onde as respostas aparecem."

EXERCÍCIO:

Escreva uma crença limitante e transforme-a em uma afirmação positiva.

DATA:

"O único limite para sua realização é a sua crença."

EXERCÍCIO:

Escolha uma tarefa simples para repetir consistentemente durante a semana e registre o impacto.

DATA:

"O sucesso é uma soma de pequenos esforços repetidos diariamente."

EXERCÍCIO:

Escreva três coisas na sua jornada atual pelas quais você é grato.

DATA:

"A felicidade não está no destino, mas na jornada."

EXERCÍCIO:

Identifique uma área da sua vida onde pode aplicar mais disciplina e escreva o primeiro passo para isso.

DATA:

"A disciplina é o caminho para a liberdade."

EXERCÍCIO:

Liste três qualidades únicas suas que gostaria de celebrar hoje.

DATA:

"Você não precisa de permissão para ser quem é."

EXERCÍCIO:

Escreva sobre um momento em que foi corajoso, mesmo estando com medo.

DATA:

"A coragem não é a ausência do medo, mas o triunfo sobre ele."

EXERCÍCIO:

Escreva sobre um erro recente e identifique o maior aprendizado que tirou dele.

DATA:

> *Você não tem culpa do que viveu, mas tem responsabilidade de fazer melhor.*

EXERCÍCIO:

Liste três atividades que despertam sua paixão e como pode integrá-las à sua rotina.

DATA:

"A paixão é o combustível para realizar grandes feitos."

EXERCÍCIO:

Descreva qual é sua visão de sucesso e como pode começar a caminhar em direção a ela.

DATA:

> *Quando o convite não é mais aceito, o anfitrião para de convidar. Quanto mais você bloquear pensamentos intrusivos, menor será a frequência deles na sua mente.*

EXERCÍCIO:

Identifique um desafio atual e escreva como ele pode fortalecer você.

DATA:

> *"A vida é uma grande maratona e somos todos atletas, vivendo em ritmo de campeonato."*

EXERCÍCIO:

Escreva uma carta de gratidão a alguém que fez diferença em sua vida.

DATA:

"A gratidão é o antídoto para a insatisfação."

EXERCÍCIO:

Escolha um objetivo e escreva três maneiras de manter o foco nele diariamente.

DATA:

> *Não escolha aquilo que é mais fácil, escolha aquilo que é mais correto.*

EXERCÍCIO:

Escreva o que gostaria que fosse o próximo capítulo da sua vida.

DATA:

"De tanto praticar ser quem você gostaria de ser, você se torna aquilo, antes mesmo de ser."

EXERCÍCIO:

Liste três ações que pode tomar amanhã para começar o dia com propósito.

DATA:

Quando o propósito é bonito o esforço vale a pena! Pratique o natan, contribuir com o melhor, para assim receber.

EXERCÍCIO:

Reescreva uma frase negativa que costuma dizer em uma afirmação positiva.

DATA:

> *Ainda que evoluir exija esforço e esforço gere dor, saiba que a dor do fracasso é bem mais cruel que a dor do esforço.*

EXERCÍCIO:

Escolha um hábito pequeno para adotar hoje e registre o impacto dele ao longo da semana.

DATA:

"A vida é feita de escolhas simples que levam a grandes mudanças."

EXERCÍCIO:

Liste três razões pelas quais acredita em seu próprio potencial.

DATA:

> *A vida é um espetáculo onde você é o ator, no entanto, não cabe a você definir quanto tempo durará o espetáculo, lhe caberá, apenas, desempenhar um bom papel.*

EXERCÍCIO:

Identifique uma ação que pode tomar agora mesmo para alcançar algo que deseja.

DATA:

"Não espere o momento perfeito; crie-o."

EXERCÍCIO:

Escreva três maneiras de cuidar de si mesmo hoje.

DATA:

> *"Se estás livre, não ajas como se estivesses preso, se estás vivo, não ajas como se estivesses morto."*

EXERCÍCIO:

Pense em uma escolha importante que precisa fazer e liste os prós e contras.

DATA:

"A vida é um reflexo das escolhas que fazemos."

EXERCÍCIO:

Escreva sobre um momento em que superou algo que parecia impossível.

DATA:

"Você é mais forte do que imagina."

EXERCÍCIO:

Identifique uma situação que precisa aceitar para seguir em frente.

DATA:

"A felicidade começa com a aceitação."

EXERCÍCIO:

Descreva um sonho que gostaria de realizar e dê o primeiro passo para concretizá-lo.

DATA:

"A imaginação é o limite para o que você pode criar."

EXERCÍCIO:

Escreva sobre uma situação em que foi completamente você mesmo e como isso impactou os outros.

DATA:

Não tente fazer as pessoas gostarem de você, faça-as gostarem delas mesmas, quando você faz as pessoas se sentirem especiais, oportunidades extraordinárias se abrirão para você.

EXERCÍCIO:

Liste três pequenos avanços que teve recentemente e celebre-os.

DATA:

"O progresso é melhor que a perfeição."

EXERCÍCIO:

Reflita sobre alguém com quem teve um desentendimento e escreva como pode compreender melhor o ponto de vista dessa pessoa.

DATA:

> *Deseja reconhecimento, admiração e prestígio?*
> *Procure se tratar com a dignidade de um rei e não com a submissão de um súdito.*

EXERCÍCIO:

Liste três coisas simples que trouxeram alegria ao seu dia hoje.

DATA:

"A alegria está nos detalhes."

EXERCÍCIO:

Descreva uma situação futura que exige coragem e planeje como enfrentá-la.

DATA:

"A coragem é agir apesar do medo."

EXERCÍCIO:

Escolha um novo aprendizado ou hobby e planeje como começar a explorá-lo.

DATA:

"A mente é como um músculo; precisa ser exercitada."

EXERCÍCIO:

Pratique um ato de bondade hoje e escreva como isso fez você se sentir.

DATA:

"A bondade é contagiosa."

EXERCÍCIO:

Escreva três maneiras de cuidar melhor de si mesmo.

DATA:

Se você se trata como uma bijuteria, jamais será visto como uma jóia.

EXERCÍCIO:

Identifique algo que aprendeu na última semana e escreva como isso impactou sua vida.

DATA:

"A vida é um constante aprendizado."

EXERCÍCIO:

Liste um obstáculo atual e descreva uma maneira de enfrentá-lo com determinação.

DATA:

"A determinação supera os obstáculos."

EXERCÍCIO:

Escreva sobre algo que está esperando com otimismo.

DATA:

"Cobras não andam com águias", aliás mas rastejam enquanto outras voam alto; a vida é feita de escolhas, então faça as melhores."

EXERCÍCIO:

Reflita sobre uma crença que te motiva e escreva como ela influencia suas ações.

DATA:

Só recebemos aquilo que estamos abertos a receber, o que negamos não vem até nós.

EXERCÍCIO:

Escreva sobre um momento em que superou uma queda e as lições que tirou dela.

DATA:

"A verdadeira força está em se levantar após a queda."

EXERCÍCIO:

Anote uma situação recente onde você precisou de paciência e o aprendizado que teve.

DATA:

"A paciência é uma virtude que molda o caráter."

EXERCÍCIO:

Liste três áreas onde você sente que precisa melhorar e um passo para cada uma.

DATA:

"A verdadeira força está em reconhecer suas vulnerabilidades."

EXERCÍCIO:

Escreva um plano para atingir um objetivo específico em até três meses.

DATA:

"Planejar é criar mapas para seus sonhos."

EXERCÍCIO:

Recorde um momento desafiador que superou e os passos que tomou para seguir em frente.

DATA:

"A resiliência é a arte de se levantar mais forte."

EXERCÍCIO:

Anote uma forma de ajudar alguém esta semana e como isso impactou ambos.

DATA:

"A generosidade é uma ponte para conexões verdadeiras."

🖊 EXERCÍCIO:

Defina uma meta clara e os três passos iniciais para alcançá-la.

DATA:

"A clareza é o primeiro passo para alcançar metas."

EXERCÍCIO:

Identifique um medo recorrente e anote uma estratégia para superá-lo.

DATA:

"Enfrente seus medos e descubra sua coragem."

EXERCÍCIO:

Escolha um livro ou curso para começar esta semana e escreva o motivo da escolha.

DATA:

"O aprendizado é a chave para o crescimento contínuo."

✏️ **EXERCÍCIO:**

Anote três áreas onde você acredita que pode se desenvolver mais e como começar.

DATA:

"Seu potencial é tão vasto quanto sua disposição para explorá-lo."

EXERCÍCIO:

Anote uma tarefa que você vem adiando e execute-a hoje.

DATA:

"A ação transforma intenções em realidade."

EXERCÍCIO:

Reflita sobre como você pode aproveitar mais o processo em vez de focar apenas nos resultados.

DATA:

"A vida é uma jornada, não uma corrida."

EXERCÍCIO:

Durante uma conversa hoje, pratique ouvir sem interromper, anotando o que aprendeu.

DATA:

"A escuta ativa é um presente que oferecemos ao outro."

EXERCÍCIO:

Escolha um livro ou curso para começar este mês e anote o motivo da escolha.

DATA:

"O aprendizado contínuo é o que nos mantém relevantes."

EXERCÍCIO:

Identifique uma situação em que precisa exercitar paciência e escreva como fará isso.

DATA:

"A paciência é a virtude que fortalece a resiliência."

EXERCÍCIO:

Liste uma ação que você pode fazer hoje para ajudar alguém ao seu redor.

DATA:

"Pequenos atos de bondade criam grandes impactos."

EXERCÍCIO:

Descreva o maior sonho que você tem e o primeiro passo para alcançá-lo.

DATA:

"Sonhar grande exige coragem e determinação."

EXERCÍCIO:

Pense em alguém ou algo que você precisa perdoar e escreva como isso pode libertá-lo.

DATA:

"O perdão é um presente que damos a nós mesmos."

EXERCÍCIO:

Anote uma área da sua vida onde deseja mudar e o primeiro passo para começar.

DATA:

"A mudança começa com uma decisão."

EXERCÍCIO:

Coloque-se no lugar de alguém hoje e escreva sobre como isso mudou sua perspectiva.

DATA:

"A empatia constrói pontes entre corações."

EXERCÍCIO:

Reserve 30 minutos para você hoje e escreva como se sentiu após esse tempo.

DATA:

"O tempo gasto consigo mesmo é um investimento."

EXERCÍCIO:

Anote uma ideia criativa que você teve recentemente e como poderia colocá-la em prática.

DATA:

"A criatividade floresce na mente aberta."

EXERCÍCIO:

Liste três conquistas que você teve esta semana.

DATA:

"Reconheça suas vitórias, por menores que sejam."

EXERCÍCIO:

Anote uma ideia criativa que você teve recentemente e como poderia colocá-la em prática.

DATA:

"A criatividade floresce na mente aberta."

EXERCÍCIO:

Liste três conquistas que você teve esta semana.

DATA:

"Reconheça suas vitórias, por menores que sejam."

EXERCÍCIO:

Faça algo generoso para alguém hoje e anote como isso fez você se sentir.

DATA:

"A generosidade enriquece a alma."

EXERCÍCIO:

Escreva uma tarefa pendente e a execute hoje.

DATA:

"A ação é o que transforma intenções em realidade."

EXERCÍCIO:

Responda: "Quem sou eu?" em uma página de diário.

DATA:

"O autoconhecimento é a chave para o empoderamento."

EXERCÍCIO:

Liste três pequenas ações que você pode realizar hoje para aproximar-se de seus objetivos.

DATA:

"O sucesso é uma soma de pequenos esforços repetidos diariamente."

EXERCÍCIO:

Faça um diário por um dia, anotando no que você realmente gastou seu tempo e compare com suas prioridades.

DATA:

"O foco determina sua realidade."

EXERCÍCIO:

Estabeleça uma meta pequena e atinja-a hoje.

DATA:

"Cada passo conta, mesmo que pequeno."

EXERCÍCIO:

Escreva uma descrição clara de onde você quer estar em cinco anos.

DATA:

"Se você não sabe onde quer chegar, qualquer caminho serve."

EXERCÍCIO:

Identifique um hábito negativo que você deseja mudar e planeje um hábito positivo para substituí-lo.

DATA:

"Seus hábitos moldam quem você é."

EXERCÍCIO:

Escreva uma situação em que você sentiu medo, mas conseguiu superá-lo. Reflita sobre como isso o fortaleceu.

DATA:

"A coragem começa onde o medo termina."

EXERCÍCIO:

Identifique um sonho e escreva o primeiro passo que você pode tomar hoje para realizá-lo.

DATA:

"A ação transforma sonhos em realidade."

EXERCÍCIO:

Liste cinco coisas pelas quais você é grato hoje e reflita sobre como isso impacta sua motivação.

DATA:

"A gratidão é o combustível para o sucesso."

EXERCÍCIO:

Escreva uma carta para si mesmo assumindo o compromisso de ser responsável pelos seus sonhos.

DATA:

"Você é o único responsável pela sua jornada."

EXERCÍCIO:

Reflita sobre um fracasso recente e liste três lições que você aprendeu com ele.

DATA:

"O fracasso é apenas um degrau para o sucesso."

EXERCÍCIO:

Identifique um pensamento negativo recorrente e substitua-o por uma afirmação positiva.

DATA:

"A mente é como um jardim: ela floresce com os pensamentos certos."

EXERCÍCIO:

Liste três formas de ser mais disciplinado em relação a um objetivo específico.

DATA:

"A disciplina é a ponte entre os objetivos e as conquistas."

EXERCÍCIO:

Escreva uma página sobre como você gostaria de impactar o mundo.

DATA:

"As pessoas que mudam o mundo são aquelas que acreditam que podem."

EXERCÍCIO:

Escolha uma área da sua vida para melhorar e descreva os primeiros passos.

DATA:

"Seja a mudança que você deseja ver."

EXERCÍCIO:

Anote uma meta que você quase desistiu e crie um plano para retomá-la.

DATA:

"A persistência é a chave para o sucesso."

EXERCÍCIO:

Responda a três perguntas sobre si mesmo que você nunca havia considerado antes.

DATA:

"O autoconhecimento é o maior poder que você pode adquirir."

EXERCÍCIO:

Identifique algo que o inspire e descreva como você pode transformar isso em ação.

DATA:

"A inspiração abre portas; a ação as atravessa."

EXERCÍCIO:

Escreva sobre um momento desafiador e como você o superou.

DATA:

"A resiliência é construída em momentos difíceis."

EXERCÍCIO:

Observe e registre três vezes hoje em que você escolheu ter uma atitude positiva.

DATA:

"Sua atitude determina sua altitude."

EXERCÍCIO:

Pratique mindfulness por cinco minutos e registre como se sentiu.

DATA:

"O poder do agora é insubstituível."

EXERCÍCIO:

Reavalie um plano que não está funcionando e pense em uma abordagem diferente.

DATA:

"Seja flexível nos métodos, mas firme no propósito."

EXERCÍCIO:

Faça uma lista das qualidades que você deseja atrair e reflita se você as pratica.

DATA:

"Você atrai o que você é."

EXERCÍCIO:

Identifique um projeto que você adiou e dê o primeiro passo hoje.

DATA:

> *"O primeiro passo é sempre o mais difícil, mas também o mais importante."*

EXERCÍCIO:

Escolha uma tarefa que você está evitando e conclua-a hoje.

DATA:

"A ação supera o medo."

EXERCÍCIO:

Registre um pequeno progresso que você fez hoje e comemore-o.

DATA:

"O progresso é mais valioso que a perfeição."

EXERCÍCIO:

Anote o menor passo possível para começar a realizar seu maior sonho.

DATA:

"Grandes sonhos começam com pequenos passos."

EXERCÍCIO:

Escolha uma visão que você tem para o futuro e escreva uma ação prática para realizá-la.

DATA:

"A visão sem ação é apenas um devaneio."

EXERCÍCIO:

Liste três hábitos diários que podem levá-lo ao sucesso.

DATA:

"O sucesso é um hábito, não um evento."

EXERCÍCIO:

Encontre uma maneira de simplificar uma área complexa da sua vida.

DATA:

"A simplicidade é a essência da eficácia."

EXERCÍCIO:

Escreva sobre um momento em que você superou algo que achou que não conseguiria.

DATA:

"Você é mais forte do que imagina."

EXERCÍCIO:

Escolha uma lição recente e aplique-a hoje.

DATA:

"O conhecimento só tem poder quando é aplicado."

EXERCÍCIO:

Registre uma pequena vitória que teve hoje e reflita sobre sua importância.

DATA:

"Pequenas vitórias criam grandes mudanças."

EXERCÍCIO:

Identifique algo pelo qual você é apaixonado e como isso pode motivá-lo.

DATA:

"A paixão é o combustível da persistência."

EXERCÍCIO:

Escreva uma frase motivadora para si mesmo e repita-a durante o dia.

DATA:

"Acredite que você pode, e você já está no meio do caminho."

EXERCÍCIO:

Pense em uma situação recente em que você "falhou" e liste as lições aprendidas.

DATA:

"Você nunca falha; ou você ganha ou aprende."

EXERCÍCIO:

Liste três coisas que fazem você se sentir mais conectado com sua essência.

DATA:

"A maior riqueza é viver em harmonia com quem você é."

EXERCÍCIO:

Escolha uma habilidade que deseja melhorar e pratique-a por 10 minutos hoje.

DATA:

"A autoconfiança é construída através de ações repetidas."

EXERCÍCIO:

Escreva uma decisão que você pode tomar agora para criar um futuro melhor.

DATA:

"O futuro começa com as escolhas que você faz hoje."

EXERCÍCIO:

Identifique um desafio atual e escreva três ações que você pode tomar para superá-lo.

DATA:

"A determinação transforma desafios em conquistas."

EXERCÍCIO:

Pratique uma atividade que conecte mente e corpo, como meditação ou alongamento.

DATA:

"O equilíbrio entre mente e corpo é a base para o sucesso."

EXERCÍCIO:

Escreva uma página sobre como gostaria que fosse o próximo capítulo da sua vida.

DATA:

"Você é o autor da sua própria história."

EXERCÍCIO:

Reflita sobre um momento em que a persistência o levou ao sucesso.

DATA:

"A vida recompensa aqueles que não desistem."

EXERCÍCIO:

Escolha uma técnica de foco e pratique-a por 5 minutos.

DATA:

"A mente treinada é sua melhor aliada."

EXERCÍCIO:

Defina uma pequena meta para o dia e conclua-a antes de dormir.

DATA:

"Cada dia é uma nova oportunidade para recomeçar."

EXERCÍCIO:

Escreva três razões pelas quais você é forte e como essas qualidades ajudam no seu dia a dia.

DATA:

"A verdadeira força vem de dentro."

EXERCÍCIO:

Faça uma lista de como você utilizou seu tempo hoje e identifique onde pode melhorar.

DATA:

"O tempo é seu recurso mais valioso."

EXERCÍCIO:

Reflita sobre uma crença limitante que você tem e substitua-a por uma crença positiva.

DATA:

"Os limites estão na mente, não na realidade."

EXERCÍCIO:

Observe algo em sua rotina que pode ser aprimorado e faça essa mudança.

DATA:

"Os detalhes fazem a diferença."

EXERCÍCIO:

Escolha uma ação pequena e comprometa-se a repeti-la por uma semana.

DATA:

"A consistência é mais poderosa que a intensidade."

EXERCÍCIO:

Escreva uma afirmação positiva sobre algo que você deseja alcançar.

DATA:

"A vida é um reflexo do que você acredita ser possível."

EXERCÍCIO:

Liste três formas de expressar sua autenticidade no dia a dia.

DATA:

"A verdadeira liberdade é ser você mesmo."

EXERCÍCIO:

Leia um artigo ou assista a um vídeo educacional sobre algo que você deseja aprender.

DATA:

"O aprendizado é o passaporte para a evolução."

EXERCÍCIO:

Escreva sobre algo que você adiou por medo e comprometa-se a enfrentar essa situação.

DATA:

"A coragem não é a ausência do medo, mas agir apesar dele."

EXERCÍCIO:

Dedique 15 minutos hoje para praticar algo em que você quer se aprimorar.

DATA:

"O que você pratica, melhora."

EXERCÍCIO:

Faça uma pausa de 5 minutos para observar e apreciar o momento atual.

DATA:

"A felicidade é encontrada no presente."

EXERCÍCIO:

Pense em algo que você deseja e escreva por que vale a pena esperar por isso.

DATA:

"A paciência é o companheiro do progresso."

EXERCÍCIO:

Identifique uma tarefa que você tem procrastinado e inicie-a imediatamente.

DATA:

"O caminho mais curto para o sucesso é começar."

EXERCÍCIO:

Escreva uma carta para alguém que você precisa perdoar (não é necessário enviar).

DATA:

"O perdão liberta o coração."

EXERCÍCIO:

Tente criar algo novo hoje sem se preocupar com o resultado.

DATA:

"A criatividade floresce quando nos permitimos errar."

EXERCÍCIO:

Escreva uma decisão que você tomará hoje para melhorar sua vida.

DATA:

"Você é o capitão do seu destino."

EXERCÍCIO:

Anote três coisas que aconteceram hoje e pelas quais você é grato.

DATA:

"A gratidão multiplica as bênçãos."

EXERCÍCIO:

Peça feedback honesto a alguém em quem você confia.

DATA:

"A humildade é a porta para o aprendizado."

EXERCÍCIO:

Liste três maneiras de cuidar melhor de si mesmo.

DATA:

"A autocompaixão é tão importante quanto a disciplina."

EXERCÍCIO:

Escreva sobre uma realização que inicialmente achou impossível.

DATA:

"Você é mais poderoso do que pensa."

EXERCÍCIO:

Escolha uma área confusa da sua vida e tome uma ação simples para clareá-la.

DATA:

"A ação gera clareza."

EXERCÍCIO:

Liste três habilidades que você gostaria de desenvolver e os primeiros passos para isso.

DATA:

"Seu potencial é ilimitado."

EXERCÍCIO:

Reserve 15 minutos hoje para refletir sobre seu crescimento pessoal.

DATA:

"O autodesenvolvimento é um presente para si mesmo."

EXERCÍCIO:

Faça algo hoje que o desafie fora da sua zona de conforto.

DATA:

"A vida começa no limite da sua zona de conforto."

EXERCÍCIO:

Realize uma tarefa que você vem evitando para fortalecer sua autoconfiança.

DATA:

"A confiança é construída com pequenos passos."

EXERCÍCIO:

Identifique uma preocupação atual e tome uma atitude prática em relação a ela.

DATA:

"A ação é a antídoto para a dúvida."

EXERCÍCIO:

Reflita sobre um obstáculo recente e escreva como você pode aprender com ele.

DATA:

"A força vem da superação de desafios."

EXERCÍCIO:

Escreva sua declaração de propósito pessoal em uma frase.

DATA:

"O propósito dá sentido à jornada."

EXERCÍCIO:

Anote três maneiras pelas quais você pode se tornar mais resiliente.

DATA:

"A resiliência é o segredo dos vencedores."

EXERCÍCIO:

Defina uma meta de aprendizado para o dia de hoje e conclua-a.

DATA:

"Cada dia é uma nova chance de crescer."

EXERCÍCIO:

Escreva um parágrafo descrevendo o final feliz que você deseja para sua jornada.

DATA:

"Você é o protagonista da sua história."

EXERCÍCIO:

Escreva uma lista com 5 aspectos positivos sobre você mesmo e reflita sobre como eles já te ajudaram em momentos difíceis.

DATA:

"A transformação começa no momento em que aceitamos quem somos."

EXERCÍCIO:

Pense em uma escolha difícil que você precisa fazer e liste os prós e contras de cada decisão.

DATA:

"O caminho certo nem sempre é o mais fácil, mas é sempre o mais recompensador."

EXERCÍCIO:

Anote três pequenas conquistas que teve na última semana e celebre-as.

DATA:

"Cada pequena vitória é um degrau em direção ao seu maior sonho."

EXERCÍCIO:

Identifique algo que você teme e escreva o primeiro passo que pode tomar para enfrentá-lo.

DATA:

"A coragem não é a ausência do medo, mas a ação apesar dele."

EXERCÍCIO:

Observe seus pensamentos durante o dia e substitua pelo menos 3 pensamentos negativos por positivos.

DATA:

"Seus pensamentos moldam sua realidade."

EXERCÍCIO:

Escolha uma área da sua vida que deseja melhorar e escreva uma pequena ação que pode começar hoje.

DATA:

"O poder de mudar está dentro de você."

EXERCÍCIO:

Liste dois erros que cometeu recentemente e o que aprendeu com cada um.

DATA:

"Os erros são mestres disfarçados."

EXERCÍCIO:

Escreva cinco coisas pelas quais você é grato hoje.

DATA:

"Ser grato é reconhecer a abundância que já existe em sua vida."

EXERCÍCIO:

Reserve 10 minutos hoje para se concentrar apenas no momento presente. Anote como você se sentiu.

DATA:

"O presente é um presente. Aproveite-o ao máximo."

EXERCÍCIO:

Escreva um parágrafo sobre como você deseja que sua história seja contada no futuro.

DATA:

___

"Você não está preso ao seu passado; pode reescrever sua história a qualquer momento."

EXERCÍCIO:

Pense em um objetivo que parece distante. Anote um pequeno passo que pode dar em direção a ele hoje.

DATA:

"Confie no processo, mesmo quando os resultados não forem imediatos."

EXERCÍCIO:

Escreva sobre um momento em que superou algo que achava impossível.

DATA:

_____
_____
_____
_____
_____
_____
_____
_____

"Você é mais forte do que imagina."

EXERCÍCIO:

Escolha um hábito que deseja desenvolver e comprometa-se com ele pelos próximos 7 dias.

DATA:

"A disciplina é a ponte entre metas e realizações."

EXERCÍCIO:

Anote uma área da sua vida que gostaria de transformar e o primeiro passo para isso.

DATA:

"A mudança começa com a decisão de mudar."

EXERCÍCIO:

Faça uma boa ação hoje e registre como se sentiu ao realizá-la.

DATA:

"A bondade é uma linguagem universal."

EXERCÍCIO:

Pense em algo que está aguardando há muito tempo. Reflita sobre o que pode aprender enquanto espera.

DATA:

"A vida recompensa aqueles que têm paciência."

EXERCÍCIO:

Identifique uma dúvida ou questão que gostaria de explorar e faça uma pesquisa sobre ela.

DATA:

"A dúvida é o trampolim para o conhecimento."

EXERCÍCIO:

Medite por 5 minutos e escreva o que sentiu durante o exercício.

DATA:

"A luz que você procura está dentro de você."

EXERCÍCIO:

Liste os três maiores desafios que superou até hoje e o que aprendeu com eles.

DATA:

"A sua força interior é maior do que qualquer obstáculo externo."

EXERCÍCIO:

Defina três qualidades que deseja desenvolver e pense em como pode praticá-las no dia a dia.

DATA:

"A verdadeira riqueza está em quem você se torna."

EXERCÍCIO:

Anote três coisas simples que você pode fazer hoje para trazer mais alegria ao seu dia.

DATA:

"A felicidade é uma jornada, não um destino."

EXERCÍCIO:

Liste cinco coisas que fazem você se sentir mais verdadeiro consigo mesmo.

DATA:

"Ser autêntico é o maior presente que você pode oferecer ao mundo."

EXERCÍCIO:

Escolha uma área da sua vida que deseja melhorar e escreva um pequeno passo que pode dar hoje.

DATA:

"Toda grande mudança começa com um pequeno passo."

EXERCÍCIO:

Responda à pergunta: "Quem sou eu quando ninguém está olhando?"

DATA:

"O autoconhecimento é a chave para a liberdade."

EXERCÍCIO:

Pense em um desafio atual e escreva como ele pode ajudá-lo a se tornar mais forte.

DATA:

"A adversidade é uma oportunidade para crescer."

EXERCÍCIO:

Liste três maneiras pelas quais você pode se tratar com mais respeito e carinho.

DATA:

"O respeito começa consigo mesmo."

EXERCÍCIO:

Escreva três coisas que deseja realizar amanhã e como pretende alcançá-las.

DATA:

"Cada dia é uma nova chance de começar de novo."

EXERCÍCIO:

No final do dia, escreva três coisas boas que aconteceram e pelas quais você é grato.

DATA:

"A gratidão transforma o que temos em suficiente."

EXERCÍCIO:

Pense em uma escolha importante que precisa fazer. Anote os prós e contras.

DATA:

"A vida é feita de escolhas, e cada escolha molda o seu futuro."

EXERCÍCIO:

Identifique uma área em que deseja melhorar sua confiança e tome uma ação concreta hoje.

DATA:

"A confiança é construída através de ações consistentes."

EXERCÍCIO:

Anote um sonho que você tem há muito tempo e os passos que pode dar para torná-lo realidade.

DATA:

"Os sonhos são o combustível para a realização."

EXERCÍCIO:

Identifique algo que está esperando e escreva uma lista de lições que pode aprender enquanto espera.

DATA:

"A vida floresce quando cultivamos a paciência."

EXERCÍCIO:

Escolha uma área em que você se sente limitado e escreva três ações para superar essa crença.

DATA:

"Seus limites existem apenas na sua mente."

EXERCÍCIO:

Pratique um ato de gentileza hoje e anote como se sentiu após realizá-lo.

DATA:

*"A gentileza tem
o poder de transformar
o mundo."*

EXERCÍCIO:

Liste um desafio recente e reflita sobre a oportunidade que ele pode estar oferecendo.

DATA:

"Todo desafio traz consigo uma oportunidade."

EXERCÍCIO:

Identifique uma situação em que você pode ser mais autêntico e planeje como agir.

DATA:

"A autenticidade é a base da verdadeira conexão."

EXERCÍCIO:

Anote cinco pequenas coisas que trazem felicidade ao seu dia.

DATA:

"A felicidade está nas pequenas coisas."

EXERCÍCIO:

Pense em um momento difícil que você superou e escreva como isso te fortaleceu.

DATA:

"A resiliência é a arte de se levantar mais forte."

EXERCÍCIO:

Reflita sobre o que te motiva e escreva uma frase que descreva o seu propósito de vida.

DATA:

"A clareza de propósito guia nossas ações."

EXERCÍCIO:

Identifique alguém ou algo que precisa perdoar e escreva uma carta de perdão (mesmo que não a envie).

DATA:

"O perdão liberta mais quem perdoa do que quem é perdoado."

EXERCÍCIO:

Escolha uma meta e descreva os passos específicos que pode dar hoje para alcançá-la.

DATA:

"A determinação transforma intenção em ação."

EXERCÍCIO:

Escreva sobre um momento em que você aprendeu algo importante por ser humilde.

DATA:

"A humildade é a ponte para o aprendizado."

EXERCÍCIO:

Reserve cinco minutos para refletir sobre como você cresceu nos últimos anos.

DATA:

"O autoconhecimento é o maior investimento que você pode fazer."

EXERCÍCIO:

Anote uma área da sua vida que precisa mudar e o que você pode fazer para iniciar essa mudança.

DATA:

"A coragem é o primeiro passo para a mudança."

EXERCÍCIO:

Escreva três coisas que você gosta em si mesmo e que te fazem sentir orgulhoso.

DATA:

"O amor-próprio é a raiz de todas as realizações."

EXERCÍCIO:

Experimente algo novo hoje, como uma receita ou uma atividade, e anote como se sentiu.

DATA:

"A criatividade nasce da curiosidade."

EXERCÍCIO:

Escolha um hábito que deseja adotar e comprometa-se a praticá-lo por sete dias.

DATA:

"A disciplina é a chave para o sucesso duradouro."

EXERCÍCIO:

Pense em como você pode usar seus talentos para ajudar alguém ao seu redor.

DATA:

"Cada pessoa tem uma luz única para oferecer ao mundo."

EXERCÍCIO:

Reflita sobre uma escolha importante recente e escreva o impacto que ela teve.

DATA:

> "A vida é um reflexo das escolhas que fazemos."

EXERCÍCIO:

Faça algo especial por alguém hoje e anote como isso impactou o seu dia.

DATA:

"A alegria cresce quando é compartilhada."

EXERCÍCIO:

Anote uma dúvida ou curiosidade que tem e pesquise sobre o tema para expandir seus conhecimentos.

DATA:

"A dúvida é o começo da sabedoria."

EXERCÍCIO:

Pense em algo que tem evitado por medo e dê o primeiro passo hoje.

DATA:

"A ação é o antídoto para o medo."

EXERCÍCIO:

Anote um erro recente e o que você pode aprender com ele.

DATA:

"Os erros são degraus na escada do aprendizado."

EXERCÍCIO:

Antes de dormir, escreva três coisas que aconteceram hoje e pelas quais você é grato.

DATA:

"A gratidão transforma o ordinário em extraordinário."

EXERCÍCIO:

Identifique um objetivo grande e descreva três pequenos passos que pode dar para alcançá-lo.

DATA:

"A fé move montanhas, mas a ação é o que as escala."

EXERCÍCIO:

Escolha uma área da sua vida para simplificar e escreva como isso pode te beneficiar.

DATA:

"A simplicidade é a maior sofisticação."

EXERCÍCIO:

Anote uma situação em que a persistência já te ajudou a alcançar algo importante.

DATA:

"A persistência vence a resistência."

EXERCÍCIO:

Reserve um momento para respirar profundamente e escrever o que te traz paz.

DATA:

"A paz interior é o maior presente que você pode se dar."

EXERCÍCIO:

Escreva sobre como você pode demonstrar mais amor para as pessoas ao seu redor.

DATA:

"O amor é a linguagem universal."

EXERCÍCIO:

Pense em um momento difícil que enfrentou e escreva sobre como ele te transformou.

DATA:

"A força vem da adversidade."

EXERCÍCIO:

Identifique uma pessoa com quem deseja fortalecer a confiança e escreva uma ação concreta para isso.

DATA:

"A confiança é construída tijolo por tijolo."

EXERCÍCIO:

Escreva sobre algo que gostaria de mudar em si mesmo e os passos que pode dar para iniciar essa transformação.

DATA:

"A transformação começa dentro de você."

EXERCÍCIO:

Pratique a empatia hoje: ouça alguém com atenção e sem julgamento, e anote como foi a experiência.

DATA:

"A empatia é o elo que nos conecta."

EXERCÍCIO:

Liste um objetivo que parece difícil de alcançar e um pequeno passo que pode dar hoje para aproximar-se dele.

DATA:

"A determinação faz do impossível uma possibilidade."

EXERCÍCIO:

Reflita sobre algo que fez você sorrir hoje e escreva por que foi significativo.

DATA:

"A felicidade não é um destino, mas uma jornada."

EXERCÍCIO:

Escreva sobre uma situação em que foi flexível e como isso trouxe resultados positivos.

DATA:

"A flexibilidade é a chave para a adaptação."

EXERCÍCIO:

Anote três coisas pelas quais você é grato por ter um novo dia à sua frente.

DATA:

"Cada amanhecer é uma nova chance de recomeçar."

EXERCÍCIO:

Pesquise algo novo que sempre quis aprender e escreva sobre como pode aplicar esse conhecimento.

DATA:

"A curiosidade é o motor da inovação."

EXERCÍCIO:

Escolha alguém para ouvir atentamente hoje e anote o que aprendeu com essa conversa.

DATA:

"A sabedoria está em saber ouvir."

EXERCÍCIO:

Identifique um medo que tem e um pequeno passo que pode dar para enfrentá-lo.

DATA:

"A superação vem do enfrentamento dos medos."

EXERCÍCIO:

Escreva sobre como pode demonstrar mais respeito às pessoas ao seu redor.

DATA:

"O respeito é a base de todas as relações saudáveis."

EXERCÍCIO:

Pense em algo que está esperando e anote como pode aproveitar esse tempo para se preparar melhor.

DATA:

"A paciência é a arte de esperar com sabedoria."

EXERCÍCIO:

Liste três coisas que fazem você se destacar e como pode usá-las a seu favor.

DATA:

"A autenticidade é o que nos torna únicos."

EXERCÍCIO:

Pense em uma situação em que ser honesto é desafiador e como pode abordar isso com cuidado.

DATA:

"A honestidade constrói pontes de confiança."

EXERCÍCIO:

Pratique um ato de compaixão hoje e anote como isso impactou você e a outra pessoa.

DATA:

"A compaixão é a semente da transformação."

EXERCÍCIO:

Identifique um objetivo de longo prazo e escreva os passos necessários para alcançá-lo.

DATA:

"A determinação é o que diferencia o sonho da realidade."

EXERCÍCIO:

Reserve cinco minutos hoje para ficar em silêncio e escreva sobre os pensamentos que surgiram.

DATA:

"O silêncio é um espaço de reflexão."

EXERCÍCIO:

Liste cinco coisas simples pelas quais você é grato no dia de hoje.

DATA:

"A gratidão transforma o ordinário em extraordinário."

EXERCÍCIO:

Reflita sobre uma decisão recente e como ela impactou seu caminho.

DATA:

"A vida é feita de escolhas diárias."

EXERCÍCIO:

Escreva sobre uma situação em que demonstrou coragem e o que aprendeu com ela.

DATA:

"A coragem é o coração que enfrenta o desconhecido."

EXERCÍCIO:

Anote algo que gostaria de aprender nos próximos seis meses e os recursos que pode usar.

DATA:

"O aprendizado nunca tem fim."

✏️ EXERCÍCIO:

Escreva sobre algo em que acredita profundamente e como isso guia suas ações.

DATA:

"A fé é acreditar mesmo sem ver o caminho completo."

EXERCÍCIO:

Pense em uma situação em que a humildade fez a diferença e escreva sobre ela.

DATA:

"A humildade nos torna grandes."

EXERCÍCIO:

Liste uma ideia que teve recentemente e os passos para colocá-la em prática.

DATA:

"A ação é o que transforma ideias em realidade."

EXERCÍCIO:

Escreva sobre como pode colaborar com alguém para alcançar um objetivo comum.

DATA:

"A colaboração multiplica os resultados."

EXERCÍCIO:

Identifique uma narrativa interna que gostaria de mudar e escreva uma nova versão.

DATA:

"A vida é o reflexo das histórias que contamos a nós mesmos."

EXERCÍCIO:

Reflita sobre um momento em que foi totalmente verdadeiro consigo mesmo e com os outros.

DATA:

"A autenticidade atrai o que é verdadeiro."

EXERCÍCIO:

Escolha uma meta e crie um cronograma para alcançá-la.

DATA:

"A disciplina é a ponte entre os objetivos e as realizações."

EXERCÍCIO:

Escreva sobre um momento recente que trouxe alegria e gratidão.

DATA:

"A vida é um presente, aproveite cada momento."

EXERCÍCIO:

Escolha um tema para estudar e liste as etapas para começar sua pesquisa.

DATA:

"O conhecimento é a chave para abrir novas portas."

EXERCÍCIO:

Escreva sobre algo ou alguém que te inspira e como pode aplicar essa inspiração em sua vida.

DATA:

"A inspiração é o ponto de partida para grandes realizações."

EXERCÍCIO:

Reflita sobre uma área da sua vida que precisa de mudança e como pode começar aceitando a realidade.

DATA:

"A aceitação é o primeiro passo para a mudança."

EXERCÍCIO:

Liste três maneiras de usar melhor o seu tempo a partir de hoje.

DATA:

"O tempo é o recurso mais valioso que temos."

EXERCÍCIO:

Escreva sobre um momento difícil e como a esperança te ajudou a superá-lo.

DATA:

"A esperança é o farol que guia em tempos de escuridão."

EXERCÍCIO:

Identifique uma área da sua vida que precisa de mais equilíbrio e como pode trabalhar nisso.

DATA:

"O equilíbrio é a chave para a harmonia."

EXERCÍCIO:

Pense em alguém que você precisa perdoar e escreva uma carta de perdão, mesmo que não a envie.

DATA:

"O perdão liberta tanto quem dá quanto quem recebe."

EXERCÍCIO:

Experimente uma nova atividade criativa hoje e anote como se sentiu.

DATA:

> "A criatividade floresce na liberdade."

EXERCÍCIO:

Relembre um desafio que superou e escreva sobre como a resiliência desempenhou um papel crucial.

DATA:

"A resiliência é o que nos mantém de pé diante das adversidades."

EXERCÍCIO:

"O que eu mais gosto em mim?" e "O que gostaria de melhorar?"

DATA:

"O autoconhecimento é a base da evolução pessoal."

EXERCÍCIO:

Anote três coisas simples que te trouxeram felicidade hoje.

DATA:

"A alegria está nas pequenas coisas."

EXERCÍCIO:

Reflita sobre uma situação recente em que poderia ter demonstrado mais empatia e como faria diferente.

DATA:

"A empatia abre portas para conexões genuínas."

EXERCÍCIO:

Liste um sonho que ainda não realizou e os passos necessários para alcançá-lo.

DATA:

"A determinação é a energia que transforma sonhos em realidade."

EXERCÍCIO:

Escreva uma carta de gratidão para alguém que impactou positivamente sua vida.

DATA:

"A gratidão é o combustível para uma vida abundante."

EXERCÍCIO:

Reflita sobre um momento em que foi vulnerável e o que aprendeu com isso.

DATA:

"A vulnerabilidade é a força de ser autêntico."

EXERCÍCIO:

Anote três atos de gentileza que pode praticar hoje.

DATA:

"A gentileza tem o poder de mudar o mundo."

EXERCÍCIO:

Reserve cinco minutos para meditação ou reflexão silenciosa e escreva sobre o que sentiu.

DATA:

"O silêncio nos conecta à nossa essência."

EXERCÍCIO:

Identifique um medo que te limita e escreva como pode dar um passo para enfrentá-lo.

DATA:

"A coragem não é a ausência de medo, mas a decisão de enfrentá-lo."

EXERCÍCIO:

Pense em alguém com quem gostaria de fortalecer a confiança e planeje uma ação para isso.

DATA:

"A confiança é o alicerce de qualquer relacionamento duradouro."

EXERCÍCIO:

Liste três coisas pelas quais se sente abundante hoje.

DATA:

"A abundância começa na mente e reflete na vida."

EXERCÍCIO:

Escreva sobre o que te motiva a acordar todos os dias e como isso está conectado ao seu propósito.

DATA:

"O propósito dá sentido às nossas ações."

EXERCÍCIO:

Escolha uma área da sua vida para simplificar e anote como pode começar.

DATA:

"A simplicidade é o caminho para a clareza."

EXERCÍCIO:

Escreva sobre como pode expressar sua autenticidade em situações desafiadoras.

DATA:

"A autenticidade atrai o que é verdadeiro."

EXERCÍCIO:

Crie uma lista de hábitos diários que deseja cultivar para alcançar seus objetivos.

DATA:

"A disciplina é a base do sucesso consistente."

EXERCÍCIO:

Reflita sobre como quer que a próxima página da sua vida seja escrita.

DATA:

"A vida é um livro, e você é o autor de cada página."

EXERCÍCIO:

Anote uma área da sua vida que deseja transformar e o primeiro passo que pode dar.

DATA:

"A transformação começa quando damos o primeiro passo."

EXERCÍCIO:

Escreva sobre um sonho que ainda não realizou e como pode continuar acreditando nele.

DATA:

"A esperança é o fio que nos mantém conectados ao futuro."

EXERCÍCIO:

Identifique algo que precisa aceitar para seguir em frente e escreva como isso pode te ajudar.

DATA:

> *"A aceitação é o ponto de partida para a mudança."*

✏️ **EXERCÍCIO:**

Liste três maneiras de trazer mais alegria para o seu dia a dia.

DATA:

"A alegria é um estado de espírito que podemos cultivar."

EXERCÍCIO:

Reflita sobre o que te traz paz e como pode cultivar mais disso em sua rotina.

DATA:

"A paz interior é a maior riqueza que podemos conquistar."

EXERCÍCIO:

Escreva sobre um momento difícil que superou e o que aprendeu com ele.

DATA:

"A resiliência é o que nos fortalece nas tempestades."

EXERCÍCIO:

Escreva cinco coisas pelas quais é grato hoje e reflita sobre como elas impactam sua vida.

DATA:

"A gratidão transforma o que temos em suficiente."

EXERCÍCIO:

Identifique um desafio atual e anote os passos necessários para superá-lo com determinação.

DATA:

"A determinação constrói pontes onde muitos veem abismos."

EXERCÍCIO:

Reflita sobre algo que tem adiado por medo e escreva um plano para dar o primeiro passo.

DATA:

"A coragem de começar é mais poderosa do que o medo de falhar."

EXERCÍCIO:

Pense em algo que precisa perdoar, seja alguém ou a si mesmo, e escreva como isso pode te libertar.

DATA:

"O perdão é a chave para a liberdade emocional."

EXERCÍCIO:

Liste três atos de bondade que pode realizar hoje, sejam grandes ou pequenos.

DATA:

"A bondade é o gesto mais simples e mais transformador."

EXERCÍCIO:

Responda: "Qual é a maior lição que aprendi sobre mim mesmo nos últimos anos?"

DATA:

"O autoconhecimento é a base de todas as grandes mudanças."

EXERCÍCIO:

Escreva sobre uma área da sua vida onde precisa praticar mais paciência e como isso pode te beneficiar.

DATA:

"A paciência é a virtude que molda os grandes resultados."

EXERCÍCIO:

Identifique algo pelo qual é apaixonado e como pode dedicar mais tempo a isso.

DATA:

"A paixão é o combustível para transformar sonhos em realidade."

EXERCÍCIO:

Pense em um desafio recente e anote como ele te ajudou a crescer.

DATA:

"A resiliência nos ensina que podemos crescer mesmo em meio às dificuldades."

EXERCÍCIO:

Liste três objetivos que deseja alcançar e os detalhes sobre o que cada um significa para você.

DATA:

"A clareza é o primeiro passo para a realização."

EXERCÍCIO:

Planeje um ato de generosidade que pode realizar hoje e registre como se sentiu ao fazê-lo.

DATA:

"A generosidade enriquece tanto quem dá quanto quem recebe."

EXERCÍCIO:

Crie uma rotina matinal que apoie seus objetivos e comprometa-se a segui-la.

DATA:

"A disciplina é a ponte entre o planejamento e o sucesso."

EXERCÍCIO:

Reflita sobre como pode ser mais autêntico em seus relacionamentos e anote um exemplo.

DATA:

"A vulnerabilidade é o caminho para conexões verdadeiras."

EXERCÍCIO:

Anote três maneiras de estar mais presente em sua rotina diária.

DATA:

"O presente é onde a vida realmente acontece."

EXERCÍCIO:

Escreva sobre algo que aprendeu com uma experiência recente e como pode aplicar essa lição.

DATA:

"A humildade é o solo fértil para o aprendizado."

EXERCÍCIO:

Anote um hábito que pode criar para fortalecer sua confiança em uma área específica.

DATA:

"A confiança é o resultado de pequenos passos dados com consistência."

EXERCÍCIO:

Pense em um sonho que realizou e como ele impactou sua vida.

DATA:

"A vida é uma dança entre sonhos e realizações."

EXERCÍCIO:

Escreva sobre como pode viver de forma mais alinhada com seus valores.

DATA:

"A autenticidade é o maior presente que podemos dar ao mundo."

EXERCÍCIO:

Tire cinco minutos de silêncio para refletir e anote os pensamentos mais marcantes que surgirem.

DATA:

"O silêncio é o lugar onde encontramos nossas respostas mais profundas."

EXERCÍCIO:

Liste três pessoas com quem gostaria de colaborar e como isso pode beneficiar vocês.

DATA:

"A colaboração transforma ideias em realidade."

EXERCÍCIO:

Escreva sobre um momento de dificuldade em que demonstrou força e como pode replicar isso no futuro.

DATA:

"A resiliência nos faz mais fortes do que acreditamos ser."

EXERCÍCIO:

Identifique um desafio atual e escreva três aspectos positivos que ele trouxe à sua vida.

DATA:

"A gratidão transforma obstáculos em oportunidades."

EXERCÍCIO:

Reflita sobre uma situação em que se expressou autenticamente e como isso impactou os outros.

DATA:

"A coragem de ser você mesmo é a maior vitória."

EXERCÍCIO:

Anote três pequenas ações que pode tomar hoje para se aproximar de seus objetivos.

DATA:

"O progresso é mais importante do que a perfeição."

EXERCÍCIO:

Experimente uma atividade criativa hoje e anote como ela te fez sentir.

DATA:

"A criatividade é a ponte para soluções inesperadas."

EXERCÍCIO:

Reflita sobre uma situação recente onde poderia ter mostrado mais empatia e como faria diferente.

DATA:

"A empatia constrói pontes onde antes havia barreiras."

EXERCÍCIO:

Liste três coisas que te inspiraram hoje e como pode incorporá-las em sua vida.

DATA:

"A inspiração está ao nosso redor, basta olhar com atenção."

EXERCÍCIO:

Responda: "O que mais admiro em mim?" e "Como posso valorizar mais essa qualidade?"

DATA:

"O autoconhecimento é um presente que nunca para de dar."

EXERCÍCIO:

Identifique uma área onde precisa agir com mais coragem e planeje um pequeno passo para começar.

DATA:

> *"A coragem nos leva além do que acreditamos ser possível."*

EXERCÍCIO:

Escreva sobre um momento em que precisou ser paciente e o que aprendeu com essa experiência.

DATA:

"A paciência nos ensina a esperar com sabedoria."

EXERCÍCIO:

Escreva sobre um momento recente em que encontrou alegria em algo simples.

DATA:

"A felicidade não está no destino, mas no caminho."

EXERCÍCIO:

Pense em uma situação onde agiu autenticamente e como isso beneficiou sua vida.

DATA:

"A autenticidade abre portas que a perfeição jamais alcançaria."

EXERCÍCIO:

Escreva uma carta de agradecimento a alguém que impactou positivamente sua vida.

DATA:

*"A gratidão
é a linguagem
universal do coração."*

EXERCÍCIO:

Planeje uma atividade especial para cuidar de si mesmo esta semana.

DATA:

"O tempo que dedicamos a nós mesmos é o maior investimento que podemos fazer."

EXERCÍCIO:

Identifique um desafio atual e liste três maneiras de enfrentá-lo como uma oportunidade de crescimento.

DATA:

"Cada desafio é uma oportunidade disfarçada de dificuldade."

EXERCÍCIO:

Anote uma ideia criativa que teve recentemente e os passos para colocá-la em prática.

DATA:

"A imaginação é o limite do que podemos criar."

EXERCÍCIO:

Escreva sobre algo que está esperando e como pode praticar paciência enquanto aguarda.

DATA:

"A paciência é a arte de confiar no tempo certo das coisas."

EXERCÍCIO:

Escolha uma pessoa para ouvir atentamente hoje e registre o que aprendeu com essa conversa.

DATA:

"A empatia começa com a escuta verdadeira."

EXERCÍCIO:

Crie um cronograma para realizar uma meta específica e comprometa-se a segui-lo.

DATA:

"A disciplina transforma sonhos em conquistas."

EXERCÍCIO:

Compartilhe algo pessoal com alguém de confiança e registre como isso fortaleceu o vínculo.

DATA:

"A vulnerabilidade é o ponto de partida para a verdadeira conexão."

EXERCÍCIO:

Escreva sobre um momento em que teve coragem de enfrentar algo difícil e o que aprendeu com isso.

DATA:

"A coragem é a chama que ilumina nossos passos na escuridão."

EXERCÍCIO:

Reflita sobre a maior lição que aprendeu na última década e como ela moldou quem você é hoje.

DATA:

"A sabedoria vem da soma de experiências e reflexões."

EXERCÍCIO:

Pense em uma parceria que deseja formar e escreva como ela pode beneficiar ambas as partes.

DATA:

"A colaboração potencializa resultados que sozinhos jamais alcançaremos."

EXERCÍCIO:

Liste três recursos internos que te ajudam a superar momentos difíceis.

DATA:

"A força interior é a base para superar qualquer tempestade."

EXERCÍCIO:

Observe e escreva sobre três coisas simples e bonitas que notou ao longo do dia.

DATA:

"A beleza da vida está nos detalhes que escolhemos valorizar."

EXERCÍCIO:

Identifique uma meta de longo prazo e anote um pequeno passo que pode dar hoje para se aproximar dela.

DATA:

"A perseverança é o caminho para transformar sonhos em realidade."

EXERCÍCIO:

Escreva sobre uma lição que aprendeu com alguém humilde e como pode aplicá-la.

DATA:

> "A humildade nos ensina a ser grandes no que realmente importa."

EXERCÍCIO:

Experimente fazer algo pela primeira vez e anote como essa experiência te impactou.

DATA:

"A criatividade é o reflexo de uma mente aberta ao novo."

EXERCÍCIO:

Registre três coisas que te inspiraram hoje e como pode aplicá-las em sua vida.

DATA:

"A inspiração está em todo lugar, basta saber onde procurar."

EXERCÍCIO:

Identifique uma situação em que desistiu antes de tentar o suficiente e escreva como pode enfrentá-la novamente.

DATA:

"A perseverança é o combustível da transformação."

EXERCÍCIO:

Liste três maneiras de fortalecer a confiança em um relacionamento importante.

DATA:

"A confiança é construída com pequenos gestos ao longo do tempo."

EXERCÍCIO:

Reflita sobre uma qualidade que admira em si mesmo e como pode potencializá-la.

DATA:

"O autoconhecimento é o portal para a liberdade."

EXERCÍCIO:

Escreva sobre um recomeço importante em sua vida e o que aprendeu com ele.

DATA:

"A resiliência nos ensina que sempre podemos recomeçar."

EXERCÍCIO:

Escolha uma lembrança pela qual é grato e registre todos os detalhes que a tornam especial.

DATA:

"A gratidão transforma memórias em tesouros."

EXERCÍCIO:

Passe 10 minutos em silêncio e escreva sobre os pensamentos e sentimentos que emergiram.

DATA:

"O silêncio é onde nascem as respostas mais profundas."

EXERCÍCIO:

Liste um pequeno progresso que fez esta semana e como ele te aproxima de sua meta.

DATA:

"O progresso é mais valioso que a perfeição."

EXERCÍCIO:

Escreva sobre algo novo que deseja experimentar e os passos para começar.

DATA:

"A coragem de tentar é maior do que o medo de falhar."

EXERCÍCIO:

Pense em uma ação compassiva que pode realizar hoje e coloque-a em prática.

DATA:

"A compaixão é a ponte entre o coração e o mundo."

EXERCÍCIO:

Identifique uma área onde precisa fortalecer sua força de vontade e crie uma meta para isso.

DATA:

"A força de vontade é o alicerce das grandes realizações."

EXERCÍCIO:

Escreva sobre uma decisão em que confiou em sua intuição e o resultado disso.

DATA:

"A intuição é a bússola que nos guia pelo desconhecido."

EXERCÍCIO:

Escolha alguém próximo e coloque-se no lugar dessa pessoa, escrevendo como ela pode estar se sentindo hoje.

DATA:

"A empatia é o espelho que reflete a alma do outro."

EXERCÍCIO:

Anote algo que gostaria de mudar ou melhorar e trace um pequeno passo para começar agora.

DATA:

"Cada dia traz uma nova oportunidade para recomeçar."

EXERCÍCIO:

Liste uma crença ou ideia que gostaria de explorar mais profundamente e como pode fazer isso.

DATA:

"A mente aberta nos leva a lugares que nunca imaginamos."

EXERCÍCIO:

Escreva sobre como você usou seu tempo hoje e algo que pode ajustar amanhã para priorizar o que realmente importa.

DATA:

"O tempo é o recurso mais valioso que temos; use-o com sabedoria."

EXERCÍCIO:

Reflita sobre um fracasso recente e escreva as lições aprendidas que pode aplicar no futuro.

DATA:

"O fracasso é apenas um capítulo, não o final da história."

EXERCÍCIO:

Escolha uma pessoa para escutar profundamente hoje e registre algo novo que aprendeu sobre ela.

DATA:

"A conexão verdadeira começa quando escutamos com o coração."

EXERCÍCIO:

Escolha uma meta e anote a primeira ação concreta que pode realizar hoje para avançar.

DATA:

"A ação é o primeiro passo para transformar intenções em realizações."

EXERCÍCIO:

Liste três momentos simples que te trouxeram felicidade nesta semana.

DATA:

"A alegria está nas pequenas coisas, não nos grandes acontecimentos."

EXERCÍCIO:

Escreva sobre algo que tem medo de começar e três motivos para dar o primeiro passo.

DATA:

"A coragem de começar é maior do que o medo de errar."

EXERCÍCIO:

Reflita sobre algo em que pode ser mais flexível e como isso pode te beneficiar.

DATA:

"A vida é como um rio, flua com ela ao invés de lutar contra a corrente."

EXERCÍCIO:

Liste três formas de cuidar de si mesmo esta semana e comprometa-se a realizá-las.

DATA:

"O amor próprio é o alicerce de todas as outras relações."

EXERCÍCIO:

Crie uma lista de gratidão com pelo menos cinco itens e reflita sobre como cada um impacta sua vida.

DATA:

"A gratidão é a chave que abre portas para a abundância."

EXERCÍCIO:

Escreva uma meta que tem e os obstáculos que precisa superar para alcançá-la.

DATA:

"A determinação é a ponte entre o sonho e a realização."

EXERCÍCIO:

Reflita sobre uma qualidade positiva que possui e como pode usá-la para iluminar a vida de alguém hoje.

DATA:

"A luz que procuramos no mundo está dentro de nós."

EXERCÍCIO:

Descreva um momento do seu dia que te ensinou algo importante e como pode aplicar essa lição.

DATA:

"A beleza do agora é que ele nunca volta, mas sempre ensina."

EXERCÍCIO:

Identifique algo fora de sua zona de conforto e crie um plano para enfrentá-lo.

DATA:

"O crescimento começa onde termina a zona de conforto."

EXERCÍCIO:

Anote uma decisão importante que precisa tomar e os critérios que usará para escolher.

DATA:

"Cada escolha molda o destino que estamos construindo."

✏️ EXERCÍCIO:

Passe 5 minutos em meditação ou silêncio e escreva sobre o que emergiu nesse tempo.

DATA:

"O silêncio interior é onde ouvimos nossa verdadeira voz."

EXERCÍCIO:

Crie algo novo hoje – uma frase, um desenho ou até mesmo uma receita – e registre o que sentiu.

DATA:

"A criatividade é o sopro que dá vida às ideias."

EXERCÍCIO:

Escreva sobre algo que pode fazer para trazer mais paz ao seu ambiente.

DATA:

"A paz começa dentro de nós e se expande ao mundo ao redor."

EXERCÍCIO:

Liste um desafio atual e os passos que pode tomar para superá-lo.

DATA:

"A perseverança transforma barreiras em degraus para o sucesso."

EXERCÍCIO:

Reflita sobre um momento em que seguiu sua intuição e o impacto disso.

DATA:

"A intuição é a voz que guia nossos passos quando ouvimos com atenção."

EXERCÍCIO:

Descreva uma etapa da sua vida que teve grande significado para você.

DATA:

"A jornada é mais rica quando aprendemos a saborear cada etapa."

EXERCÍCIO:

Estabeleça uma pequena meta para esta semana e comprometa-se a realizá-la.

DATA:

"A autoconfiança cresce à medida que cumprimos nossas promessas a nós mesmos."

EXERCÍCIO:

Planeje o seu dia de amanhã como se fosse um capítulo de um livro inspirador.

DATA:

> *"Cada novo dia é uma página em branco esperando para ser escrita."*

EXERCÍCIO:

Realize um ato de bondade por alguém hoje e escreva sobre como isso te fez sentir.

DATA:

"A compaixão é a ponte que une corações e cura feridas."

EXERCÍCIO:

Escreva sobre uma vez em que foi verdadeiro consigo mesmo e o impacto disso.

DATA:

"A autenticidade é o maior presente que podemos oferecer ao mundo."

EXERCÍCIO:

Liste cinco coisas que te fazem feliz e como pode incluí-las mais em sua rotina.

DATA:

"A felicidade é um estado de espírito cultivado pela gratidão e pelo amor."

EXERCÍCIO:

Explore um tema que sempre te intrigou e anote suas descobertas.

DATA:

"A curiosidade nos abre portas para novos mundos e possibilidades."

EXERCÍCIO:

Anote uma pequena mudança que pode fazer hoje e como isso pode impactar sua vida.

DATA:

"O poder de mudar está nas pequenas escolhas feitas diariamente."

EXERCÍCIO:

Identifique algo ou alguém que te inspira e escreva como isso influencia sua vida.

DATA:

"A inspiração é a faísca que acende o fogo da transformação."

EXERCÍCIO:

Escreva sobre uma maneira de demonstrar amor a alguém especial hoje.

DATA:

"O amor é a força mais poderosa que podemos compartilhar."

EXERCÍCIO:

Anote três maneiras de cultivar equilíbrio em sua vida.

DATA:

"O equilíbrio é a base para a harmonia entre corpo, mente e espírito."

EXERCÍCIO:

Descreva uma área em que gostaria de se superar e como pode começar hoje.

DATA:

"A determinação é o motor que nos leva além dos limites."

EXERCÍCIO:

Escreva uma nova narrativa para sua vida, destacando o protagonista que deseja ser.

DATA:

"A história que contamos a nós mesmos molda a vida que vivemos."

Autora

Sou Kel Freire, especialista em Treinamento e Desenvolvimento de Pessoas. Sou formada em Gestão de Recursos Humanos e pós-graduada em Psicanálise pela Pontifícia Universidade Católica (PUC). Ao longo da minha trajetória, tive a oportunidade de adquirir experiência na Receita Federal do Rio de Janeiro e conquistar diversas certificações na área de desenvolvimento humano.

Minha história começa no interior da Paraíba, onde nasci em uma família simples. Sou filha de um agricultor e cresci na Favela da Rocinha, no Rio de Janeiro, uma das maiores comunidades do Brasil. Desde cedo, enfrentei muitos desafios, mas foi através de uma intensa jornada de autodesenvolvimento que consegui transformar minha vida.

Hoje, dedico minha vida a ajudar outras pessoas a trilharem caminhos de transformação. Por meio das minhas redes sociais, que já reúnem mais de 3 milhões de seguidores, compartilho conhecimento e experiências que têm inspirado e impactado milhões de vidas. Acredito que, independentemente de onde viemos, somos capazes de escrever uma nova história.